Rolf Friedrich Schuett

Lesen und Schreiben, Denken, Bildung, Fortschritt, Geschichte und Alter

Zeitschrift für europäische Moralistik

Rolf Friedrich Schuett

Lesen und Schreiben, Denken, Bildung, Fortschritt, Geschichte und Alter

Zeitschrift für europäische Moralistik

Books on Demand

Bibliographische Information Der Deutschen Bibliothek:
Die Deutsche Bibliothek verzeichnet diese Publikation
in der Deutschen Nationalbibliographie; detaillierte
bibliographische Daten sind im Internet abrufbar über
http://dnb.ddb.de

Erste Auflage

Herstellung und Verlag :
BoD – Books on Demand, Norderstedt

Gedruckt auf alterungsbeständigem Papier
(holz- und säurefrei)

Umschlaggestaltung : E. L. Schmidt

Printed in Germany

ISBN 978-3-7519-5982-7

INHALT

Das Staunen über den weiten Sternenhimmel,
der nicht herabsieht, ist ein Staunen über die enge
Menschenhölle, die nicht hinaufschaut

Für Elke

Lesen und Schreiben : *Autorität des Autors*

Die Gesellschaft schwatzt, das Individuum schreibt.

Dichter und Denker wollen sich einschreiben
ins Buch der Geschichtslosigkeit.

Die Literatur des 20. Jahrhundert war ein Schreib-
maschinentasten nach Mitmenschen.

Wer sich unter Druck gut ausdrückt und mit den
Federn schreibt, die er lässt, gilt als Schriftsteller.

Viele Schriftsteller schreiben für der Welt größten
Buchladen : Schubladen.

Wer „Literatur der Arbeitswelt" schreibt,
macht nur unbezahlte Überstunden.

Lesen und Schreiben sind immer noch Privilegien,
solange niemand sie nutzt.

Bessere dich, schreib deine Autobiographie!

Gut ist ein Aphorismus, der die Leser entmutigt,
selber welche zu schreiben.

Ein Autor ist ein Künstler, der aus dem Aphorismus,
auf den er nicht kommt, ein Buch macht.

Ein Autor ist ein Unterdrückter, der schon zufrieden
ist, wenn seine Unzufriedenheit mit der Unter-
drückung in der Welt immer wieder gedruckt wird.

Schriftsteller können die Welt nicht weiter
bewegen als Kopf und Herz von Lesern.

Schriftsteller halten die Demokratie
für eine Diktatur der Leser, Kritiker und Verleger.

Schriftsteller sind Patrioten, die begeistert
hermarschieren hinter ihren Druckfahnen.

Schlechte Bücher haben nur einen einzigen Leser
— den Ehepartner.

Auch gute Bücher haben nur einen einzigen Leser
— den Zensor.

Für wen jede Sache mehr als 200 Seiten hat,
der ist noch kein Schriftsteller.

Bestsellerautoren lesen ihren Lesern die Bücher
von den Augen ab.

Um ein Klassiker zu werden,
genügt es für einen Autor nicht, ungelesen zu sein.

Die Papiere guter Kriminalautoren sind in Ordnung.

Ein Autor träumt von Lesern, die davon träumen,
dieser Autor zu sein.

Klio, die Muse der Geschichtsschreiber, würde nie
auf das kommen, was Menschen so planen — u. u.

Die Zeit, die ich brauche, um diesen Pfeil zu
schnitzen, brauchen andere, um ein ganzes Buch
… dann doch nicht zu schreiben.

Wer nichts zu sagen und zu melden hat,
hätte mehr zu lesen und zu schreiben.

Wer (Literaturgeschichte) *schreibt*,
der bleibt (ungelesen).

Der Mündige hält den Mund und schreibt.

Man lernt aus der Geschichte nur,
dass man sie weder macht noch schreibt
(samt seiner Lebensgeschichte).

Spiel dein Theater, die Rollen schreiben andere.

Ein Autor muss zusehen, wo er schreibt und bleibt.

Zu wenig bleibt, was zu viel schreibt.

„Wer schreibt, der bleibt.“ Dieser Quatsch bleibt.

Goethes „Faust" zu schreiben, war gar keine Kunst:
Bei *dem* Talent!

Autoren schreiben zu viel, ihre Leser zu wenig.

Bestseller altern schneller als ihre Autoren
und Leser.

Der Mensch braucht die Sprache,
die Menschheit brauchte die Schrift.

Wer ein richtiger Schriftsteller sein will,
ähnelt einer Schreibfeder, die wegfliegen will.

Für die Welt sind Schriftsteller heute eher
bessere Schausteller als beste Zuschauer.

Jeder ist von Natur ein Fallensteller,
doch von Kultur ein Schrift- und Fragensteller.

Ist Gott ein *one-book-writer*,
ist Satan der Co-Autor unserer Bücher.

Wer Schreibtischarbeit leisten darf,
sollte etwas weniger verdienen,
als wer Drecks- und Knochenarbeit leisten muss.

Schund-*Autoren* stehen über Proust-*Lesern*.

Autoren ohne Geld verehren es,
Autoren ohne Geist verleumden ihn.

Wer jedes gelesene Buch auf eine Sentenz
Komprimiert, schreibt einen Aphorismenband.

Künstler schreiben lieber dilettantische Schiller-
Gedichte als meisterliche Simmel-Romane.

Du schreibst, was dich schmerzt;
uns schmerzt, was du schreibst.

Wer seine schlechten Seiten nicht mehr
unterdrücken kann, schreibt ein gutes Buch.

Wer Ideen nur schlecht beschreiben kann,
muss noch kein guter Realist sein.

Wer das Wesen einer Sache anschaulich beschreibt,
hat sie und ihre Ursache noch gar nicht begrifflich
bestimmt.

Federn kann man lassen oder mit ihnen
schreiben und fliegen zugleich.

Gut ist ein Buch, das seine Leser entmutigt,
selber eins zu schreiben.

Der Aphoristiker kann keinen Satz schreiben,
ohne eine ganze Bibliothek zu ersetzen.

Aphoristiker haben keine Zeit, nicht zu schreiben.

Wer sein Weltbild fertig hat,
schreibe Aphorismen dagegen.

Ein Autor ist ein Mensch, der aus dem Aphorismus,
auf den er nicht kommt, ein Buch macht.

Was man in der Geschichte vergessen will,
muss man nur aufschreiben.

Historiker schreiben Werke, bis ihre Beschäftigung
mit der Vergangenheit selber Vergangenheit ist,
mit der sich keiner mehr beschäftigt.

Denken heißt auch den eigenen Kopf leerlesen
und vollschreiben.

Lebenstüchtigkeit ersetzt heute Lesefähigkeit
durch Schreibschwäche.

Gern etwas vorschreiben lässt man sich nur von
guten Autoren.

Revolution beginnt mit schreibenden Sklaven
und endet nicht mit fernsehenden Shoppern.

Man weiß umso mehr zu schreiben,
je weniger man tun zu können glaubt.

Inspiration schreibt nur ab, aber wer nicht kopiert,
ist eher ein Original als originell.

Wer weder Geschichte noch Aphorismen schreibt,
muss sich deshalb keine Gedanken machen.

Mit Satan muss man kurzen Prozess machen
oder Kafkas lebenslangen „Prozess" schreiben.

Kommt ins *Buch des Lebens,*
wer das *Buch der Natur* weiterschreibt?

Der Ewige schreibt Weltgeschichte
als Biographie der Menschheit.

Dumme Sprüche : Auch große Schriftsteller
altern zu bloßen Satzstellern.

Mancher Autor bat den HErrgott,
sein Nachlassverwalter zu sein.

Ein besseres Buch ist bösere Rache an den Lesern.

Feigheit hüllt sich in Menschenwürde
und Buchumschläge.

Kultur verhält sich zu Zivilisation
wie Buch zu Buchung.

Wer noch zu Lebzeiten ein Klassiker werden will,
schreibe nur die wenigen Sentenzen, zu denen alle
Meisterwerke schließlich werden.

In einem Buch taucht die Welt auf,
damit das Buch in der Welt erscheint.

Schreibtische sind allen Straßenbarrikaden
elfenbeinturmhoch überlegen.

Die Kritiker werfen einem Autor selten vor,
dass er ebenso schlecht schreibt wie sie.

 Kriminelle wären zum Krimischreiben
zu verurteilen.

Ein guter Autor kann alles beschreiben,
außer seine besten Leser.

Schreiben ist die Handarbeit der Kopfarbeiter,
aber noch nicht die Kopfarbeit der Handarbeiter.

Schreibe so klar, dass du jeden Leser verstehst.

Auch Todesangst schreibt noch Bücher gegen sich.

Wer müsste keine Psychoanalyse machen, um
seine „Erinnerungen" statt seine „Verdrängungen"
schreiben zu können?

Schreibt der Autor mit Hilfe seiner Muse
oder sie mit seiner Hilfe?

Die meisten Menschen sind beeindruckt
von ihrer Ähnlichkeit mit den Menschenaffen
– außer jenen Menschen, die besser als die Affen
schreiben, malen oder komponieren können.

Entweder schreibt oder steht man über etwas.

Romanciers sind Romanhelden, und welcher
Roman ist mehr wert als die Bürgerkarriere,
die seinem Schreiben geopfert wird?

Beschreibt man die Welt,
wie man Leinwand bemalt?

Prolls schreiben sich ab, lesen im Kaffeesatz,
rechnen mit dem Schlimmsten, zählen nicht,
aber zahlen.

Ein Buch verkauft sich so gut wie sein Autor.

Der Intellektuelle ist schon zufrieden
mit *aufrechtem Sitz* am Schreibtisch.

Literatur : Was man aufschreibt,
darf man getrost vergessen.

Wer schreibt, liest Leviten und spricht Bände
gegen Wände wie Einwände.

Geschichte wird geschrieben von großen Männern,
die keine Zeile geschrieben haben, und Geschichten
werden geschrieben von kleinen Leuten,
die keine Geschichte schreiben werden.

Beschreibe eine Bewegung : Führe sie aus,
indem du sie schilderst, oder umgekehrt.

Wer nicht wenigstens so gute Sentenzen
wie *Nietzsche* schreibt, versteht ihn falsch.

Wer entziffert eine Schrift,
indem er alles Bezifferbare daraus entfernt?

Das Privatleben eines Autors besteht aus
Veröffentlichungen und die einzige Praxis
des wahren Gelehrten aus Abhandlungen.

Ein schlechter Schriftsteller ist noch
kein guter Buchhalter oder Schriftsetzer.

Autoren können keine schöneren Titel tragen
als die Titel ihrer Bücher.

In auctore auctoritas. Es gibt gute Autoren
ohne besondere Autorität und keine wahre
Autorität, die nicht die eines großen Autors wäre.

Ein erfolgloser Autor versteht sich gern
als Nachweltkulturerbe.

Die Namen der schlechtesten Regisseure
und Schauspieler sind oft doppelt so groß
ausgedruckt wie der Name des größten Autors.

Dichterische Freiheit ist zu unterstellen,
damit Zensoren oder Preisverleiher
keine unzurechnungsfähigen Autoren beehren.

Viele Literaturgeschichten machen unverständlich,
warum wir diese Autoren lesen sollten.

Alternativen : Schriftlich in Stein hauen
oder mündlich in Stücke hauen.

Eigene Ideen verkauft der Autor für Geld
oder für fremde Ideen in seinem Namen.

Manche Worte haben so viel Gewicht,
dass ihr Autor leichtfüßig bleibt.

Ein Autor hat vor sich nicht das unbeschriebene
Blatt, das er selber ist.

Selbstgefälligkeit des Autors
und Dickfelligkeit des Lesers strafen einander.

Nur Bedrückendes, das er gedruckt verkauft,
wird ein Autor wirklich los.

Ein Bestseller besteht aus den schlechtesten Seiten
des Autors.

Geschichten und Geschichte schreiben

Geschichte ist alles,
was so (die Zensur unbeanstandet) passiert.

Nur Geschichtsfälscher machen sie.

Weil die Hölle nicht auf einmal zu verarbeiten ist,
gibt es Geschichte : den Teufel auf Raten.

In der Geschichte geschieht nichts,
nur im Himmel und in Gedanken.

Wir lesen die Speisekarten der Kannibalen
als Geschichtsbücher, und sie würden unsere
Geschichtsbücher als Diät-Kochbücher lesen.

Hegel 2000 : Geschichte ist Fortschritt
im Bewusstloswerden der Unfreiheit.

Nur Geschichte, aus der wir gar nichts lernen
wollen, müssen wir selber machen.

Zeitloses geschieht täglich, Geschichte gab es ewig.

Geschichte und Gesellschaft wurden das
Schicksal, vor dem sie bewahren wollten.

Ewiges gibt es, weil die Weltgeschichte
nur von außen zu bewegen ist.

Kultur ist, was neben der Weltgeschichte geschieht.

Wo Geschichte nicht mehr zählt,
erzählt man sich Geschichten.

In *der* Geschichte geht viel mehr ein
als in *die* Geschichte.

Der Ewige lässt Hinterweltgeschichte machen und
schreiben, der Leibhaftige Unterweltgeschichte.

Fast jede Lebensgeschichte ist die Evolution
vom Menschenkind zum Hominiden.

Weltgeschichte geht immer weiter.
Leider, sagt die Naturgeschichte.

Man macht Pläne, ohne die jene Zufälle nicht
auftauchen, die dann Geschichte machen.

Jeder ist eine bald unterbrochene
Unterbrechung der Geschichte.

Geschichte: Von Kundschaftern des Handelns
zur Kundschaft des Handels

Eher macht eine Geschichtsphilosophie selber
Geschichte, als dass Historiker zu denken lernen.

Geschichte : Einbahnstraße von vertrauten
Mängeln zu unbekannten Leiden.

Geschichte : Wir fahren den Karren an die Wand,
die wir vor ihn gespannt haben.

Zeit ist eine Geschichte der Diktaturen
und eine Diktatur der Geschichte.

Aus der Geschichte werden weniger Lehren
als Lehrstuhlinhaber gezogen.

Kunst und Geschichte eint der Sieg mordlustiger
Kriegshelden über gesetzestreue Geisteshelden
und Spießer.

Man denkt sich immer mehr Geschichten aus
und kennt sich nimmer mehr in der Geschichte aus.

Was Großtat, Wohltat, Untat, Zutat, Tatkraft
oder Tatsache ist, entscheidet kein Gericht,
sondern Geschichte.

Gesellschaft ist Rache an der Mathematik,
Logik ist Rache an der Geschichte.

Den meisten Staub der Weltgeschichte wirbelten
verstaubte Werke auf.

Geschichte : Rächten Christen den Indianer,
als sie die Inkas ausrotteten?

Das Rad der Geschichte lässt sich nur zurückdrehen.
Von Historikern und Revolutionären.

Geschichte ist Sieg über ihre Historiker.

Wo Gott gar keine Rolle mehr spielt,
ist er sicher der Autor der ganzen Geschichte.

Wo die Zeit schnell vorübergeht,
kommt die Geschichte nur langsam voran.

Subjekte der Geschichte enden
als Objekte der Historiker.

Die Weltgeschichte ist seit Esaus Zeiten
das Weltlinsengericht.

Geschichte ließe sich besser schreiben als Abfolge
dessen, was besser ungeschehen und ungetan
geblieben wäre.

Bist du Herr der Geschichte, die du erzählst
oder die du schreibst?

Arkadien ähnelt soweit einer Utopie
wie eine Landkarte einem Geschichtsbuch.

Geschichte ist immer noch, was uns hindert,
zeitlos Unveränderliches zu sehen.

Der einzige rote Faden, der sich durch die Weltgeschichte zieht, ist die Blutspur.

Lebensläufe folgen Lebensplänen,
wenn in windstiller Geschichte wenig geschieht.

Geschichte ist keine Folge der Geschehnisse,
sondern Genealogie von Dämonen.

Das geistige Interesse kann wählen zwischen
dem zeitlosen Gemetzel der Geschichte und
dem ziellosen Gestöber des Weltraums.

Wer Geschichte machen will,
kann keine Geschichten erzählen.

Der Motor der Geschichte ist die Naturwissen-
schaft, deren Motor die Zeitlosigkeit ist.

Psychologen und Soziologen erklären Menschen
zwischen zwei Geschichtsepochen.

Verstehen kann Geschichte nur,
wer sie hasst, verachtet oder belächelt.

Das stille Gemüt des Gelehrten hilft
gegen schrilles Gemetzel der Geschichte,
gegen die Langeweile stabilen Komforts
aber kein rastloser Fortschritt.

Naturgeschichte hat mit Weltgeschichte ungefähr
so viel zu tun wie ein Naturtalent mit der Physik.

Du betrachtest eine Naturgeschichte in Jahrmillio-
nen, als wäre sie von Gott entworfen, behandelst
eine Weltgeschichte von Jahrtausenden, als wäre sie
von Menschen gemacht, und hast eine Lebensgeschichte von Jahrzehnten, als wäre sie erfindbar.

Dass die Weltgeschichte eher Hochkulturen mit
Arbeitssklaven als jeden Sklaven mit friedlicher
Muße versorgt, ist keinen Historiker wert?

Man macht Geschichte selbst, aber nur unter
der vorgefundenen Bedingung, die vorgefundenen
Bedingungen dafür selbst machen zu müssen.

Geschichte machen heißt Vorgeschichte fälschen.

Geschichtsschreibung heißt auch,
das Ungeschehene ungeschehen zu machen.

Man macht Geschichte, die man schreibt :
Große Taten sind gute Werke, die man besser tut,
indem man sie schreibt.

Utopisch wäre schon die Erkenntnis,
dass die ganze Weltgeschichte als ewiger Kampf
um Materielles menschenunwürdig albern war.

Dass die Natur ein Teil der Geschichte ist,
ist ein Teil der Natur, lehrt die Geschichte.

Vom Ewigen hat man nicht mehr gelernt
als aus der Geschichte.

Die Jahrtausendgebilde der Weltgeschichte,
Pharaonenreich und Kirche, haben eins gemein :
sie lebten von Unsterblichkeit und starben daran.

Historiker schreiben mehr Geschichte als Politiker.

Geschichte schwankt, ob eher Starke reicher sind als
Schwache oder Neureiche mächtiger als Geistreiche.

Rechtsprechung ist revidierte Rechtschreibung
der Geschichtsschreiber.

Denken, nein danke?

Wer nicht nachdenken will,
kann sich ja immer noch „Vordenker" nennen.

Auch ich denke nach — anderen.

Wer nicht denken kann, muß wenigstens handeln.

Schädel? — Denkanstoßdämpfer.

Auch Irrationalisten denken,
aber viel zu hoch von ihren tiefen Gefühlen.

Überall nur Nützlichkeitsdenken!
Warum dann nie den Kopf benutzen?

Handeln ist Denken, dass Hände denken.

Der Mensch hat wenigstens Phantasie genug,
sich phantasiebegabte Wesen auszudenken.

Einst waren Gedanken von Gefühlen abhängig,
heute nur noch Gefühllosigkeit, die sich für Nach-
denklichkeit ausgibt, von Gedankenlosigkeit,
die sich für Gefühlsleben hält.

Descartes? Wer weniger denkt, als er ist,
ist noch nicht mehr, als er denkt.

Sapere aude : „Wage, selbst zu denken",
z.B. dass du Einstein oder Napoleon bist.

Wer das Denken verteufelt,
will nur nicht an die Hölle denken.

Aufklärung heißt, (an sich) selbst zu denken.

Der Einzelne denkt allgemeingültig und in Gemein-
schaft wie ein Idiot. Heute liegt alles an der Gesellschaft — wie Frischlinge an der Muttersau.

An sich denkt jeder : Er macht sich Gedanken über
die Gedanken, die andere sich nie über ihn machen.

Wer denken kann, lässt es lieber.

Ein Denkmal allen Denkmalsschändern !?

Ich denke dein, also minn ich dich. Ich denke dein,
also bin ich dein. Ich verzweifle, also bin ich noch,
und ich gedenke, also bin ich gewesen. −
Cogito, ergo Bumm!

Ein zweifelhaftes Individuum, das nachdenkt,
ist eine Dreifachbegabung.

Wir denken, wie wir lieben :
selten zu oft und oft zu selten.

Die Gedanken sind frei. Das ist der Beweis,
dass niemand denkt.

Handeln ist ja nicht doppelt so viel wert wie Denken,
weil der Mensch halb so viele Köpfe wie Hände hat.

Der Mensch denkt sich aus, Gott lenkt ein.

Denken heißt, sich selbst in den Arm zu fallen,
um nicht sich und anderen in die Hände zu fallen.

Wer nur an seinen Kopf denkt,
muss nicht der Klügste sein.

Gehirntumor ist, wenn man trotzdem denkt.

Denken fällt so schwer, weil es das Leben
erleichtert, und wer Wahrheit sucht, ist kein Utopist,
sondern eine Utopie.

Ich denke, dass ich bin, also bin ich, was ich
denke, und ich denke, ich bin, also bin ich, der
das denkt — dachte Descartes bestimmt nicht.

Manchem sind schon tiefe Gedanken viel zu hoch.

Zensur? Gedankenflugsicherheitsdienst.

Wem abstrakte Gedanken zu hoch sind,
dem sind konkrete Ideen auch zu tief oder zu niedrig.

Sicher herrscht jetzt der Kultus der Gefühle nur,
damit Gedanken wieder einen sündhaften Genuss
bereiten.

Unterhaltung heißt,
mal auf andere Gedankenlosigkeiten zu kommen.

In der Geschichte geschieht nichts,
nur im Himmel und in Gedanken.

Bildungsreisen sind Gedankenflüge der Dummköpfe.

Es gab immer mehr Gedankenleser als Gedanken.

Gefühle sind die häufigste Form der Flucht
vor Handlungen und Gedanken.

Pater semper incertus :
Der Gedanke ist selten der Vater eines Wunsches.

Der eine schützt sein Gehirn vor Gedanken
und ein anderer mit Gedanken.

Lebensweisheit ist ein Gedankengang nach Canossa.

Mancher hat nur den einen Gedanken,
er habe einen Kopf am Hals.

Macht einer sich mal Sorgen, heißt es gleich,
er mache sich Gedanken.

Sehen deine Gedanken dir ähnlich,
aber du nicht ihnen, bist du ein Idealist.

Nur mühseligstes Schuften erspart freies Denken.

„Es ist alles ganz anders, als man denkt“, denke ich.
(Also ist alles wirklich so, wie ich denke?)

Das Denken kommt zum Stillstand bei Dummheit
wie bei Erkenntnis.

Lebst du, wie du denkst, oder denkst du nur so,
wie du lebst?

Das Sein kann nicht denken, das Denken aber sein.

Kopf: Seh-, Steh-, Bank-, Denkvermögensverwalter

Was alle denken, ist ebenso irre wie das,
was nur einer denkt.

Man erlebt wenig von dem, was man sich erdenkt,
und durchdenkt noch weniger, was man durchlebt.
Die Gedanken sind frei – denkt der Kopf.

Mach dir Gedanken, dass dein Denken nachlässt,
nicht dein Gedächtnis.

Es gibt zu denken, dass man lieber Denkzettel
verpasst als nachdenkt.

Der Mensch denkt, der Unmensch lenkt.

Eigene Erfahrungen wollen sich das Denken sparen.

Lichtlein? Und wenn du denkst, es geht ja noch,
dann fällst du in das nächste Loch.

Wer nicht viel denkt, lebt weniger als einer,
der nichts als denkt.

Ich denke mir nix dabei, *also bin ich* dabei.
Ich denke nach, also bin ich hinten.
Ich denk nicht dran, also bin ich dran.

Die Welt könnte es gar nicht geben,
wäre sie so, wie wir denken.

Descartes : Ich denke nach, also bin ich vorn.
Ich denke an Gedanken, *also bin ich* am denken.

Bist du noch aktiv, oder denkst du schon nach?

Denken beginnt, wo $1 = 1$
miss- und unverständlich wird.

Denken heißt sein Gedächtnis verstehen.

Mein Hirn denkt, also bin nicht ich.

Ein Hirn denkt, also ist es ein Hirn – denkt es.

Denke nach als Greis, dann handle als Kind!

Wer das Denken vergisst, war immer dement.

Um zu denken, genügt es nicht, nichts zu tun.

Man guckt nur dumm aus der Gehirnwäsche.

Ein Nichts, in dem solche Welten stecken, muss sich
erst einmal jemand in sieben Tagen ausdenken.

Ich denke, also lenke ich nicht.

Arkadien denke man sich nicht in Hellas,
sondern im Denken selbst.

Mancher Kopf hindert mehr am Denken
als am Köpfen.

Es wähnt nur, wer wie alle denkt
oder wie keiner.

Am schwersten ist denken, wenn man es kann.

Ist Kopfschütteln wirkliches Denken?

Ich will nicht so tief denken können wie Platon.
Ich habe höhere Ambitionen.

Maler drücken ihre Gedanken aus − Farbtuben.
Jeder denkt sich sein Teil, aber will das Ganze.

Leibesertüchtigung war immer die leichteste Art,
an Denksport hochgerühmt vorbeizukommen.

Leben ist der kurze Weg von Gedankenlosigkeit
zu Gedächtnisschwund.

Aufrechter Müßiggang und Gedankengang tut mehr
als aufrichtiger Kriech- und Kirchgang.

Mir fallen ganze Gedankengebäude ein,
und die Trümmerstücke liegen hier herum.

Der Geistesblitz schlägt ins Gedankengebäude
und zertrümmert es zu vielen Aphorismen.

Die Tragödie der Geschichte ist die Komödie
der Gedanken − und umgekehrt.

Die Gedanken gehen dem Kopf meist eher aus
als die Haare.

Ich kann etwas denken, da es da ist,
und es ist da, da Gott es gedacht hat.

Wer alle übertrifft, die ihn übertrumpfen, denkt.

Wem reicht sein Bankvermögen so
wie sein Denkvermögen?

Ein Gehirn windet sich, wenn es nachdenken soll.

Wer nie nachdenkt, will auch mal
auf andere Gedankenlosigkeiten kommen

Du denkst, was andere nur tun.

Was du dir ausdenkst, denkst du ins Aus.

Man macht sich ständig Gedanken,
ohne mal nachzudenken.

Der *Homo erectus sapiens* zeichnet sich durch
aufrechten Wolf- und Gedankengang aus.

Philosoph(i)en und Berufsdenkerei

Die Fähigkeiten, um mit Philosophie sein Geld
zu verdienen, sollten dafür schon disqualifizieren.

Politik heißt, philosophische Fragen durch ständige
Realisierung abzuwehren.

Sie leben weniger nach als von ihrer Lehre : Der
Wahrheitsgehalt einer Philosophie ist umgekehrt
proportional zum Jahresgehalt des Philosophen.

Philosophen sind immer überflüssig:
Entweder sind sie deiner Ansicht oder nicht.

Ein guter Philosoph hängt seinen Gedanken nach
jeder Windstille und ist ein Mensch,
der sich nicht nur seinen Teil denkt.

Philosophen gelten schon als dunkel,
weil sie uns klar machen,
warum uns eigentlich klar ist,
dass $1 + 1 = 2$ ist.

Wenn Philosophen regieren,
kann Gewalt sich rechtfertigen.

Moralisch handeln nur noch Denker,
die über Meta-Ethik diskutieren.

Philosophie : Hintergedanken
sind der *Hinterwelt* Lohn.

Ein Philosoph darf sich nicht durchsetzen. Er muss
den Kopf über der eigenen Verwässerung halten.

Philosophie ist eine Alternative zur bloßen Alternative von materialistischen Reden über Geister
und geistreichen Reden über materielle Dinge.

Das ist Anfang und Ende der Philosophie : Du stutzt
— anderen die Flügel.

Erst kommt das Fressen, dann die Philosophie
des Fressens und das Scheißen auf die Mm-oral.

Sire, geben Sie wenigstens große Denker frei!

Ein Philosoph ist ein Mensch, der andere lieber im
Denksport schlägt als im Affekt.

Wer sich für die Idee opfert, dass keiner für Ideen
sterben soll, war ein Philosoph.

Wer die Froschkönigperspektive aus der Vogel-
scheuchenperspektive betrachtet, ist kein Philosoph.

Nur die Leidenschaft für leidenschaftslose Ratio
geht mit den Philosophen nicht mehr durch.

Jede Philosophie ist so wahr, dass nicht einmal
ihr Gegenteil falsch ist, und zugleich so sinnlos,
dass nicht einmal ihr Gegenteil mehr Sinn macht.

Gespräche sind heute di-alogisch. Philosophische
Touristen erleben auf jedem Gebiet nun kostenlos
die tollsten Frag- und Denkwürdigkeiten.

Wer nicht nachdenken will, kann sich ja immer noch
„Vordenker“ nennen.

Große Denker? Nicht tiefer als auf den Grund.

Denker 2000 : Graue Zellen entwickeln
graue Theorien des grauen Alltags.

Denken mag ja nur geistige Selbstbefriedigung sein,
aber warum gibt es dann nicht mehr große Denker?

Dichter und Denker fallen durch jeden Boden
der Tatsachen, weil sie auf festem Abgrund stehen.

Die größten Feiglinge können immer noch
große Denker werden, denken Untäter.

… und führe uns nicht in gentechnische Versuche
und hochphilosophische Essays darüber.

Die Philosophiegeschichte besteht
aus den noch unverstandenen Werken.

Philosophen mussten in der Antike auch Sklaven-
halter und wollen heutzutage nur Staatsdiener sein.

Philosoph : der erste Kultivierte im Dschungel
und der letzte Wilde in Zivilisationen.

Kultur war der Weg von Hysterie, Zwangsneurose
und homoerotischer Paranoia zu Kunst, Religion
und philosophischem System – und zurück.

Philosophische Gedanken sind ersetzt
durch umweltanschauliche Plaudereien.

Philosoph ist ein Mensch, der alles, was uns hand-
greiflich überwältigt, begrifflich bewältigt,
ohne dass er aufhört, sich vergewaltigt zu fühlen.

Psychologie entstand, als die Seele sterblich wurde,
und Philosophie blühte auf, als Wissen(schaft)
Witz und Weisheit verdrängte.

Als die Griechen Sklaven hatten,
philosophierten sie. Obwohl wir Maschinen haben,
philosophieren wir nicht.

Wissenschaft sucht die Lösung aller Rätsel,
Philosophie findet das Rätsel aller Lösungen.

Religion und Philosophie differieren darin, dass
das Höhere sich dem Niederen opfert oder verdankt.

Philosophie löst uralte Probleme dadurch,
dass sie brandneue entdeckt.

Wenn Politiker, Philosophen und Journalisten
argumentieren, überzeugen sie eher davon, mich
überredet zu haben, als dass sie mich überreden,
überzeugt zu sein.

Philosophen können die Welt nicht mehr anders
interpretieren, es kömmt ihnen deshalb darauf an,
Weltveränderungen zu ändern.

In manchen Philosophien kann ich schwer unter-
scheiden zwischen einem Beweisgrund, der mich
überredet, und einer Rhetorik, die mich überzeugt.

Eine Philosophie kann nichts verstehen, sobald
sie selbstverständlich wird, aber einiges erklären,
solange sie einigermaßen unerklärlich bleibt.

Philosophie ließ sich von der Welt bisher nur
verschieden interpretieren, es kömmt ihr aber
darauf an, die Philosophen zu verändern.

Ein Philosoph blutet nicht durchs Leben.

Wir Nichtphilosophen haben unsere Welt bisher
niemals interpretiert; es kömmt uns aber darauf an,
nicht verändert zu werden.

Ernster mit dem *linguistic turn* in der Philosophie
machten Heideggers Etymologien als Wittgensteins
Sprachspiele.

Die *Hinterwelt* ist alles,
was kein Fall für Philosophen mehr ist.

Philosophie treibt Probleme in Wissenschaften
oder dorthin, wo keine Wissenschaft sie
– bisher oder jemals – behandeln kann.

Philosophie ist Intuition oder Produktion
in der Maske der Deduktion.

Erst steht der Philosoph starr vor Staunen,
dann starrt er auf seine erstarrten Begriffe.

Philosophischer Logos war nicht der Weg von
religiösen Mythen zu wissenschaftlicher Logik
und blieb von Künsten durch Begriffe getrennt.

Vergessene Binsenweisheit von gestern
ist Fachphilosophie von morgen.

Romantik, also poetische Einbildungskraft plus
philosophische Urteilskraft, will bestimmen, warum
etwas unbestimmbar ist, und gibt Rechenschaft,
warum es kein Rechner schafft.

Der Philosoph fasst unsere Tomaten auf den Augen
ins Auge, nicht seine Bohnen in den Ohren.

Der Philosoph kommt aus dem Staunen nie heraus,
in das der ideologische Sophist nie hineinkommt.

Philosophie ist ein gelöstes Sprechen
über Probleme, die durch Sprechen zu lösen sind.
Schon Gespräche machen sie unlösbarer.

Philosophie entsteht auch, wenn der menschliche
Kopf zum Gegner seines eigenen Inhalts wird
und seinen Feind lieben soll.

Wissenschaft spricht objektiv über Objekte,
Philosophie subjektiv und objektiv über Subjekte,
Literatur subjektiv über Subjekte und Objekte.

Ein Philosoph kommt und geht der Welt auf den
Grund, ohne gründlich zu Grunde zu gehen.

Philosophie gibt es seit 2500 Jahren, weil kein
Gedanke zu Ende gedacht ist und, ob nun zu Ende
gedacht, nicht zu Ende geprüft.

Philosophen machten aus ihrer Armut mehr
als Denkbeamte heute aus ihrem Wohlstand.

Das 20. Jahrhundert hat mehr Technik und Grauen
als Kultur hervorgebracht. Die Philosophie war
zweitklassige und bestenfalls gutgemeinte
Aufgeregtheit ohne Zukunft.

Der Philosoph fällt über das Nächstliegende,
die Sterne, wenn er bedenkt, was ihm am fernsten
liegt, sich selbst.

Philosophie fängt immer wieder von vorn am,
um nicht am Ende zu sein.

Was man nicht weiß, nennt man Religion,
Philosophie oder Wissenschaft.

Gute Zeiten für Philosophen :
schlechte Zeiten für Philosophie.

Ein Philosoph wird von Vater Staat dafür bezahlt,
dass er mit der reinen nackten Wahrheit schläft,
ohne sie zu freien und zu schwängern.

Die Philosophen stellen keine Fragen mehr,
die kein anderer beantworten könnte, sondern
beantworten Fragen, die kein anderer stellen würde.

In Philosophie, die uns zu hoch ist, fallen tiefe
Gedanken über das tiefe Schweigen von Gott
und der Welt mit tiefen Seufzern in tiefe Brunnen.

Philosophen denken sich eine Welt aus,
in der unsere Paradoxe so trivial würden
wie unsere Selbstverständlichkeiten widersinnig.

Philosophie denkt, dass in einer Sache mehr steckt
als in allen Philosoph(i)en.

Auch meine Philosophie hat System:
ein systematisches Be- und Verschwiegensein.

„Alles war deutlich, weil nichts zu sehen war.“
(Gerd Gaiser) Welche Philosophie regt eher an
zum Überlegen als zum Auslegen?

Soll man Philosophien logisch formalisieren
oder Logikkalküle philosophisch interpretieren
oder weshalb beides unterlassen?

Philosophen denken kaum noch,
sie handeln nur noch. Mit Begriffen.

Wer nicht Dichter oder Denker wird,
wird Geld für seine Brut.

Wo *Vordenker* oder *Querdenker* draufsteht,
muss noch kein Gedanke drin sein.

Denker müssen dem Zeitgeist weit genug voraus
sein, um ihn antreiben zu können, doch nicht soweit,
um von ihm vertrieben zu werden.

Warum gab es zwischen Platon und Sartre,
2500 Jahre lang, keinen namhaften Dichter
und Denker in *einer* Person?

Lieber ein Volk der dichtenden Richter
als der henkenden Denker!

Dichter halten Flüchtiges fest,
Denker verflüssigen Verfestigtes.

Denker verdanken ihren Sinnen Details,
die dem Denken ihren Sinn verdanken.

Dichter und Denker sind stets Ausländer –
heimisch in geistigen Regionen.

Eine größere Schwäche als für Charakterstärke
haben Dichter für Einbildungskraft
und Denker für Urteilskraft.

Denker gehen allem auf den Grund und Leim und
doch nicht zu Boden, andere dem Boden der Tatsachen, zu dem sie gehen, doch nicht auf den Grund.

Wer sich Sorgen macht, macht sich Gedanken, ohne
an Denker zu denken : Nach Heidegger kann keiner
nichts tun, ohne das Nichts zu tun und Untat-Sachen
zu vernichten.

In Worte fassen Denker,
in Worte verwandeln Dichter die Welt.

Herme(neu)tisch. Sind Dichter Spielkälber
und Denker untätige Untäter?

Gute Menschen sind keine besseren Dichter
und Denker als schlechte.

Unverständliche Formeln der Forscher führen
zu verständlichen Produkten, unverständliche Sätze
der Denker zu verständnislosen Protesten.

Ein Denker staunt, wie erstaunlich viele Dinge
eigentlich gar nicht staunenswert sind.

Humanwissenschaften waren mit Erfolg
einmal Hilfsdisziplinen der Metaphysik.

Ob wir *vor-* oder *nachmetaphysisch* denken,
ist eine metaphysische Entscheidung.

Ein Urteil, dass Metaphysik unmöglich wurde,
ist schon metaphysisch.

Auch das metaphysische „Dreikörperproblem"
von Gott und der Welt und der Seele in Bewegung
war immer unberechenbar chaotisch.

Wer über Formelsprachen der Physik spricht,
formuliert eine Metaphysik, aber Metaphysiker
müssen nicht metaphorisch über Physiker reden.

Für physisch Arbeitende gehörte Metaphysik
zur physischen Erfüllung und physische Erfüllung
zu den metaphysischen Dingen.

Der Metaphysiker ist totgesagt und totgeschwiegen.
Er arbeitet für seine geistige Existenz mehr
als für die physische Existenz anderer.

Hochkultur widerlegt Kultivierte, Kunst geißelt
Kenner, und Philosophie düpiert Nachdenkliche.

Aus Philosophie entstand Soziologie,
als die Einzelnen vergingen, und Psychologie,
als deren Einheit zerging.

Berufsphilosophen denken und Dirnen lieben
um Geld.

Erst Weltreligionen, dann Weltkriege,
dann Welthandel, dann Weltkulturerbe
und nun nur Umweltphilosophie.

Physik wird immer metaphysischer, Philosophie
handgreiflicher und Kunst stets anlagefreundlicher.

Die Weisheit reicht nicht für alle Uni-Philosophen.

Philosophien sind nur Denkmäler für Denkanstöße.

Philosophie beginnt mit dem Staunen über die Welt.
Wir anderen bestaunen die Philosophen.

Philosophie ist nie so stumm
wie der Stein der Weisen.

Wer gegen die Philosophiegeschichte dachte,
ist aus ihr nicht mehr wegzudenken.

Auch die Philosophen kommen aus dem Staunen
irgendwann heil heraus und ins Grübeln.

Philosophie steht zum Denken wie Ehe zum Sex.

Der Schaden, den Philosophie anrichtet, ist
nützlicher als der Nutzen, den Technologie bringt.

Mancher mag zu dumm sein, um Denker zu werden,
doch noch zu klug, um Dichter zu werden.

Denker wirken tief, wenn sie den Boden der Tatsachen unter ihren Füßen unergründlich finden.

Ein Volk der Dichter *und* Denker wäre ein Volk
von Aphoristikern.

Deutsches Leben : Vom Nichtdichter
zum Nichtdenker.

Die *Physik* könnte den Wert haben, ein Leben
zu erleichtern, das sich der *Metaphysik* widmet,
die dem Leben wieder Gewicht gibt.

Ist eine Philosophie mehr als Abwehr von allem,
was sich über sie sagen lässt?

Nietzsche philosophierte bis zuletzt
mit Gummihammer und Satzfeile.

Philosophie war einmal eine Relativitätstheorie
der verabsolutierten Praxis.

Ein schwerer Philosoph ist eine Gänsefeder,
die einen Berg von Problemen aufwiege(l)n will.

Philosophen streiten sich, ob sie sich überhaupt
einigen können, dürfen, müssen oder wollen.

Philosophie : Das Dunkel erleuchtet den Dünkel.

Verführte Platon Jünglinge, um sie zur Philosophie
zu führen, oder philosophierte Sokrates mit ihnen,
um sie ins Bett zu kriegen?

Der Philosoph sucht Weisheit,
der Aphoristiker findet Witz, und der Forscher
versucht und erfindet forsches Wissen.

In der Hand der Denker wird kein Bleistift mehr
zum Sinnstift.

Denker sind so frei, fesselnde Ideen zu haben.

Die einen Denker hatten immer nur *das Eine*
im Kopf, die anderen auch mal *das ganz Andere*.

Er ist Deutscher − für einen Dichter denkt er,
für einen Denker dichtet er ganz passabel.

Der Satz, dass metaphysische Sätze sinnlos seien,
ist ein sinnlos metaphysischer Satz. (Auch dieser)

Bisher bestätigten nur Ausnahmen die Regel,
dass gute Philosophen und Aphoristiker
keine Monatsregel haben.

Philosophen bringen System in Aphorismen,
die Unordnung in ihr System bringen.

Was philosophische Aphorismen zum System ver-
bindet, ist sophistischer Mörtel; was philosophische
Systeme sprengt, ist aphoristische Sophistik.

Gedankenketten schmücken die Denker
und fesseln die Lenker.

Was einer braucht, um als *Dichter und Denker*
sein Geld zu verdienen, entwertet sein Werk.

Die Bandbreite aller Aphoristiker liegt darin,
wie viel Dichter im Denker und
wie viel Denker im Dichter steckt.

Philosoph : Weltbeleuchter als Blickwinkeladvokat.

Der Philosoph ist ein Psychiater, der Geistes-
krankheiten diagnostiziert, wo andere den gesunden
Menschenverstand sehen – oder umgekehrt.

Philosophische Urfrage : Liegt die Wesensbestim-
mung der menschlichen Realität in der Realisierung
außermenschlicher Wesensbestimmungen o. u.

Philosophie macht zum Gegenstand,
dass und warum ihr Ursprung und ihre Vollendung
nicht zu ihrem Gegenstand werden können.

Früher ermöglichten Arbeitssklaven
die philosophische Muße, die sie nicht
selber genossen, wenigstens anderen.

Würden Obdachlose heideggern, wäre Sprache
eher Frauen- als Freuden-„Haus des Seins".

Denkt der Philosoph mal nach,
wenn er mal nicht philosophiert?

Philosophische Gedanken sind so tief wie unser
Schlaf, unsere Seufzer und Gottes Schweigen.

Köche, Müllarbeiter und Putzfrauen gehören eher
an die Macht als Priester, Künstler und Philosophen.

Eher macht eine Geschichtsphilosophie selber
Geschichte, als dass Historiker zu denken lernen.

Denker sollten sagen, was unsere Sinne sagen würden, wenn sie Verstand hätten, aber Denken ist alles,
was Philosophen heute ihren Lesern überlassen.

Marxismus 2000 : Prekariatsphilosophie
für Besseresverdienende.

Suche bei Philosophen nur noch Sätze,
die noch niemand je zitiert hat.

Physiker entwerfen die Bombe,
Philosophen verwerfen sie,
Politiker werfen sie, und alle unterwerfen sich.

Das antike Griechenland war die Wiege der
Volksherrschaft, der demokratischen Päderastie
von philosophierenden Sportskanonen.

Die meisten denken zu trivial und alltäglich, um
Heideggers Philosophie der trivialen Alltäglichkeit
zu verstehen.

Philosophen klären Aufklärer darüber auf,
was Klarheit bedeuten kann.

Heidegger, Bloch, Sartre ... Viele Philosophen, die
im 20. Jh. besonders tief über politisches Handeln
nachdachten, handelten politisch bedenklich.

Philosophie heißt: Worauf es überall ankommt,
kommt nirgendwo an, und worauf es nie ankommt,
kommt immer an.

Realismus ersetzt keine Realität,
aber Philosophie manche Weisheit.

Sein Gedankengebäude baut der Philosoph
auf Sand, den er ins Getriebe der Triebe wirft
und in den er dann seinen Kopf steckt.

Berufsphilosophen heute bilden mehr Staatsdiener
als Wahrheitssklaven.

Marxismus versprach bloßen Lebensunterhalt
durch bloße Philosophie.

Philosophen sind auch nicht mehr die Könige
der Hinterweltreiche.

Heute muß jeder Zeitgeist nur wenig wechseln,
um ganze Bibliotheken der *philosophia perennis*
zu makulieren.

Seit dem *linguistic turn* finden Denker grammatisch
richtige Sätze, für die sie dann nur noch einen philosophischen Sinn suchen.

Rede nur einfach drauflos, und es sprechen
aus dir uralte Philosophen und Ideologen,
die du gar nicht kennst.

Kann ein zweitgrößter Philosoph größeres Genie
haben als der größte Ingenieur?

Pragmatiker denken gewöhnlich viel verrückter
als Philosophen handeln.

Früher nahm man eine Philosophie so ernst, dass
man ihre Anhänger gern tötete. Heute nimmt man
ihre Philosophie so wenig ernst, dass man sie eher
totsagt und totschweigt.

Die bizarrsten Romane und Philosophien von
Genies sind uns vertrauter und verständlicher
als die einfachsten Naturgesetze des Schöpfers.

Ein philosophischer Begriff schöpft aus dem
Wollen, wenn er aus der Luft ins Leere greift,
und unternimmt nichts, wenn er sich übernimmt.

Mücke im Porzellanladen. War die Wahrheit
gefunden, fing Philosophie erst richtig an.

Auch Nietzsche und Foucault wollten an die Macht
– durch Philosophien des Machtwillens.

Welcher Philosoph hat tiefere Gedanken
als seine höchste Besoldungsstufe?

Poesie und Philosophie haben den herrlichen Sinn
und Nutzen, dass man für Herrschaften sinnlos
und unnütz wird.

Glauben : wissenschaftliches Fürwahrhalten
philosophischer Annahmen religiösen Vertrauens.

Philosophie ist kluge Phantasie :
Vorwissenschaftlichkeit im Sonntagsstaat.

Der lachende Dritte im Kulturkampf zwischen phy-
sischem Sein und psychischem Bewußtsein ist ihre
logische Struktur oder metaphysische Natur.

Philosophie ist nicht mehr die „Magd der Theo-
logie", sondern der freie Markt der Atheismen –
mit Religion als Güteproduktion.

Feuerbachthese : Die Welt wurde so verschieden
verändert, dass sie nur noch unphilosophisch
zu interpretieren ist.

Ein Philosoph hilft auf die Ursprünge
und gibt Prügelknaben Denkanstöße.

Philosophie ist der unaufrichtige Gedankengang
zum Lebenslauf in Gedankengebäude.

Gedanken, die man verstecken will,
publiziere man in philosophischen Werken.

Philosophie redet ständig von Menschheit
und meint den Mittelstand.

Nachhaltige Philosophen kämpfen
gegen Hinterweltverschmutzung.

Philosophen gewinnen alle Denkprozesse,
die sie gegen ihr Thema führen.

Sollte Metaphysik so unverständlich bizarr werden
wie Physik oder Soziologie so unterhaltsam
wie Musik oder Literatur?

Metaphysik wurde metaphorische
Metakommunikation in Metasprachen.

Kosmologie: Ist das All zu 5% sichtbar physikalisch
und zu 95% unsichtbar metaphysisch?

Wer setzt dem *unbekannten Denker* mal
ein bekannteres Denkmal?

Dichter und Denker bleiben gesund,
indem sie Leser geisteskrank machen.

Aphoristiker gehen mit Dichtern und Denkern um
und umgehen sie.

Ich denke, also bin ich Denker;
ich bin, also träum ich vom Denken.

Fürchtet die weite Welt den engen Durchgang
durchs Denkerhirn?

Die Gedanken sind frei, die großen Denker
im Abseits oder Jenseits.

Man muss eher Gedankenlosigkeit lesen können.

Hohes Alter hat jedes Alter zugleich

Im Alter soll man schmunzeln
über Gicht und über Runzeln?
Erst rank und schlank, dann krank,
erst alt, dann kalt,
erst rot, dann weiß,
erst heiß, dann Eis,
erst Schweiß, dann Scheiß,
dann Greis?

Soziale Sanktionen
tun sich nicht mehr lohnen.
Von *alten Schweden*
sollen wir hier reden
wie von Coronaleichen,
die aus Medien nie mehr weichen?

Das Alter liest im *Psalter*:
Man verbringt sein Leben
wie sein ganzes Streben
in Hetz und auch im Netz
wie ein einziges Geschwätz?

Prosaverse sind wie Sprüche
aus der feinern Hexenküche :

Hohes Alter hat jedes Alter zugleich.

Im Alter will das Gedächtnis nicht mehr,
das Denken wollte nie.

Jugendsünden :
Alterserscheinungen.

Bloßes Altern und Veralten
ist die (erst)beste Selbstverwirklichung.

Lebenswege : Trampelpfade von altkluger Nase-
weisheit zu kindischer Greisengeilheit.

Jedes Lebensalter hat einen Rückzug vor sich,
der es vorzieht, seine Vorzüge zu sehen.

Man kann nicht reifen, ohne zu faulen, aber altern,
ohne zu reifen, und nicht jünger werden,
ohne unreif zu bleiben.

Mancher bleibt gern infantil,
um nie zu altern.

Schiller? Nie fertig ist das Alter
mit dem letzten Wort.

Altersweisheit heißt jetzt Demenz.

Das Alter schreibt ins Reine den Satz,
den es nicht mehr ins Freie tun kann.

Das Alter raubt mehr Fähigkeiten,
als jede Schule uns verschafft.

Auch Altersbashing ist längst veraltet
und Jugendwahn vergreist.

Keine Zeit hat die Jugend, sich kürzer zu fassen,
und das Alter, Romane zu schreiben.

Traumdunkle Jugend will Aufklärung,
desillusioniertes Alter mehr Geheimnis.

Das Alter kann weniger, aber auch weniger wollen.

Das moderne Alter ist die Pubertät des Todes.

Das Alter besteht nur darin,
daß andere jung oder tot sind.

B-Triebe. Die Gattung siegt stets übers Individuum,
in der Jugend als Bett-Trieb, im Beruf als Betrieb
und im Alter als Bet-Trieb.

Die Jugend verrät immer die Ideale des Alters
und macht alt.

Die Jugend träumt vom Handeln,
das Alter handelt mit Träumen.

Sex schützt vor dem Alter, aber Alter nicht
vor Lieblosigkeit, sagen alte Sexforscher.

Am schnellsten altert, wer jung bleiben will
durch Treue zu seinen Jugend-Idolen.

Die Jungen stehen auf (Aufständischen).

In der Jugend belebt uns noch die Lebensangst,
im Alter tötet uns schon eine Riesenfreude.

Wir sind jung, damit das Leben, und wir altern,
damit das Sterben uns leichter fällt.

Charakterschwäche wird bald verdeckt
durch Altersschwäche.

Die Jugend heuchelt Tugend, die ihr so schwer fällt
wie dem Alter das Laster.

In aufsässiger Jugend enge Grundsätze,
im gesetzten Alter weiter Grundbesitz.

Seit Freud ist das Kleinkind die Larve,
hinter der sich das fertige Alter zu verstecken liebt.

Wer in seiner Jugend für Idealismus zu schlau war,
bleibt für Altersweisheit zu dumm.

Im Alter wird das Leben zur Frage, ob der Tod
der Endpunkt ist oder ein Enddoppelpunkt.

Altern gilt nun als Jugendtorheit
und ewige Jugend als Altersweisheit.

Was Tugend von Jugend fordert,
löst kein Alter ein.

Im Alter zu jung bleibt mancher,
der schon im Jugendalter veraltet war.

Das Alter ist nur noch neugierig,
ob der Ausgang die Hälfte des Lebens ist.

Ich will leben, um zu altern, und alt werden,
um kein Kindskopf zu bleiben.

Anti-Aging gilt als der Altersweisheit
letzter Sch(l)uss.

Der Tod schließt dir nur die Augen,
die erst das Alter dir öffnet.

Jugend hat noch nichts, um damit zu glänzen;
Alter hat nichts mehr, um sich zu verbergen.

Ein Junger rebelliert, aber kollektiv.
Ein Alter resigniert, aber eigensinnig.

Die Vergangenheit gehört dem Alter und die
Zukunft der Jugend, aber meine Vergangenheit
ist ein Kind und meine Zukunft ein Greis.

Wer noch im Alter lernt und trainiert,
will für den Tod fit bleiben.

Sorglose Jugend verzweifelt schwermütig, gräm-
liches Alter tröstet sich hoffnungsfroh leichtsinnig.

Der besten Tage der Jugend zu gedenken,
sind nicht die besten Tage des Alters.

Dass einer schon immer zurückgezogen lebte,
steht ihm gut erst im Alter.

News verjüngen nichts; sie altern schneller als wir.

Kritik der Jugend am Alter ist Selbstkritik a priori.

Jugend : vital und dummdreist.
Riskante Praxis, bequeme Theorien.
Alter : altklug und rappelig.
Kleinmütige Praxis, gewagte Theorien.

Sprüche: Auch große Schriftsteller
altern zu bloßen Satzstellern.

Im Alter ist nicht mehr in Ordnung,
was in der Jugend noch nicht in Ordnung war.

Das Alter kann sich nicht verjüngen, doch erneuern,
die ewige Jugend nicht reif sein, doch veralten.

Das Alter erwartet nur noch Erinnerungen
an Erwartungen.

Wer in der Kindheit erwachsen sein wollte,
will im Alter nicht zu jung sein.

Altersweise : Nicht mehr so klug wie einst.
Weisheit macht älter als Alter weise.

Große Genüsse kann sich das Alter
so wenig leisten wie die Jugend.

Im Alter kommt Sehschwäche, aber das Sehen
selbst ist eine Schwäche für Sehensunwürdiges.

Demenz heißt auch sein Alter vergessen.

Kurz ist das Leben, länger das Alter.

Der Ruhestand des Alters ist nach dem Leerlauf
des Lebens eher Fortschritt als Niederlage.

Manches Alter hat mehr Nichts hinter als vor sich.

Der Alte sieht die Jugend durch seine Jugend
und seine Jugend durch sein Alter hindurch.

Im Alter noch blutjung ist nur,
wer in der Jugend schon altklug war.

Was Jugend und Leben nicht geben,
können Tod und Alter nicht nehmen.

Alter und Tod rauben weniger, was man hatte,
als was man hätte haben können.

Alter leidet daran, nicht die Jugendleiden,
Jugend freut sich, nicht die Altersfreuden zu fühlen.

Jugend schaut voran, nur nicht aufs Alter;
Alter schaut zurück, nur nicht auf Neues.

Kinderkrankheiten wurden Therapien des Alters.

Altersweise ist, wer nichts mehr im Gedächtnis hat
als ureigene Gedanken.

Geschwätzig ist das Alter, nur nicht in Bonmots.

Jugendtorheit, Herzensbildung, Altersweisheit:
das einzige Wissen ohne Universitätsgrad.

Altersweisheit : vollentwickelte Jugendtorheit.

Progressiver Fortschritt

Gesellschaftlicher Fortschritt ist nur die Erklärung
der Übermenschenrechte.

Fortschritt : Das Einschreiten gegen sie
ist oft die Ausschreitung selbst.

Fortschritt vom Egoismus zum Sozialen?
Rückschritt vom Individuum zum Kollektiv.

Dass der Begriff „Fortschritt" keinen Fortschritt
macht, ist schon einer.

Früher wurde von Moral geredet,
um nicht vom Fressen reden zu müssen.
Heute ist es umgekehrt; das ist der Fortschritt.

Fortschritt ist das Ziel allen Undsofortschreitens.

Fortschritt. Einst machte Spaß, was Tatsache
war. Einst wird Fakt sein, was Freude macht.

Fortschritt besteht darin, dass wir immer besser
wissen, warum die Welt immer schlechter wird.

Fortschritt heißt nicht, nach dem Tode weiter zu sein
als vor der Geburt.

Hand aufs Herz : Auch schon Fortschrittmacher
eingesetzt?

Das Revolutionärste an dem gemeinen Volk ist sein
Traditionalismus, und das Reaktionäre an den Herr-
schenden war immer ihre fortschrittliche NeuGier.

Der Ruhestand des Alters ist nach dem Leerlauf
des Lebens ein Fortschritt.

Fortschritt ist der Aufstieg vom Hungerödem
zur Magersucht.

Stand und Wohlstand kommen weiter als der
aufrechte Gang, den der Fortschritt nicht braucht.

Wer den Fortschritt nicht hinter sich lässt,
ist zurückgeblieben.

Fortschritt ersetzt Reifen durch ewige Jugend.

Fortschritt erhob Geistiges über Körperliches:
Man verhöhnt nun Dummköpfe, nicht Krüppel.

Fortschritt ist schon,
wenn keiner ganz nach dem andern kommt.

Fortschritt ist die Evolution der Evolution.

Fortschritt : Erst die Technik, dann das Schuften!

Industrialismus, technische Imitation der Zukunft,
gilt als fortschrittlichste Erfindung der Tradition.

Jede gute Theorie befördert einen Fortschritt
und behindert den folgenden.

Fortschritt ist der aufrechte Gang der Dinge
und der waagerechte Wolfgang des Menschen.

Wer die Hand aufhalten will,
darf nicht den Fortschritt aufhalten.

Aufrechter Gang wurde Fortschritt, gerade noch
aufgefangener Sturz (nicht Flucht) nach vorn.

Hinke dem Fortschritt voraus
und renne dem Ruhestand hinterher!

Umweltkriege. Der Stechschritt vom Ganzheitlichen
zum Totalitären geht nicht weiter als der Fortschritt
vom Organismus zur Organisation.

Ohne Fortschritte kämen wir überall hin.

Wahrer Stillstand liegt im Fortschritt,
der einzige Fortschritt im Ruhestand.

Heute ist der nächste Schritt zum Besseren
ein vages Fernziel und der utopischste Fortschritt
die naheliegendste Gefahr.

Trägheit tritt auf der Stelle technischen Fortschritts;
Licht der Vernunft hat nie Höchstgeschwindigkeit.

Der Fortschritt bringt uns so vieles,
also um das Wesentliche.

Fortschritt schreitet im Sturmschritt immer weiter,
bis er fort ist.

Wer Wege immer weiter zurückgeht, bis zum
Urschleim, kann auch tolle Fortschritte machen.

Fortschritt ist die Täuschung,
dass Junge vor Alten kommen.

Fortschritt : Alle Menschen werden Big Brothers.

Gleichschritt, Sturmschritt und Fortschritt auf Stel-
zen hemmen den aufrechten Gang wie der Besitz.

Das Gesetz des Fortschritts ist das Trägheitsgesetz:
Gutes durch Widerstand stärken und Böses durch
Nachgeben schwächen.

Lasst den Fortschritt ruhig fortschreiten.
Vielleicht kehrt er ja nicht zurück.

Fortschritt und Aufklärung räumen auf mit dumpfer
Tradition. Aber sind Fortschritt und Aufklärung
nicht schon längst dumpfe Tradition?

Fortschritt heißt, dass der Urmensch in mir
dem Aristokraten aus Neanderthal gleicht.

Fortschritt lässt sich nicht einmal mehr
durch Revolutionen aufhalten.

Am hinreißendsten vom Fortschritt
reden Massenmörder.

Fortschritt : Verdrängung von Vorfahren
und durch Nachkommen.

Fortschritt misslingt an seinen Triumphen
und siegt in seinen Fiaskos.

Fortschritt : Immer mehr Einbildungskraft,
Willenskraft, Arbeitskraft, Todesurteilskraft.

Der Fortschritt sucht Beschleunigungen und Rich-
tungen mehr als Ziele, wo er endlich aufhören kann.

Fortschritt herrscht, wo keiner seinem eigenen
Wachstum gewachsen ist und ihm doch nicht
entwächst.

Dass Fortschritt nicht ins Haus eingetreten ist,
ohne die Tür einzutreten, ist eingetreten.

Fortschritt? Himmel oder Hölle – weiter geht's nie.

Der Weg von der Hölle zum Grab
ist kein Fortschritt, aber ein Aufstieg.

Glaube ist ein Schritt über dich hinaus,
Wissen ein Fortschritt über dich hinweg.

Fortschritt: Gefesselt sind Vorfahren mit
Eisenketten und Zeitgenossen von Silberkettchen.

Altes wird nicht mehr von Feinden vernichtet,
sondern vom Fortschritt verwertet.

Es gibt entweder Frieden oder Fortschritt :
permanent durch Katastrophen verzögerte Apo-
kalypse, Arbeitsfriede in Produktionsschlachten.

Gibt es endlich Fortschritte gegen Fortschritte?

Bilder und Bildung

Wer ein Vorbild hat, wird ein Vorbild.

Gute Bilder sind keine Anhänger von Wänden.

In der Ferne sind nur noch Bildschirme zu sehen.

Proletarier aller Länder, (arbeiterbildungs)vereinzelt
euch!

Interdisziplinäre Expertenkommissionen ersetzen
keine Allgemeinbildung.

Individuen bilden ein großes Ganzes,
das noch ungebildeter ist als sie.

Bildungshunger ist der beste Koch
für geistige Nahrung. Er treibt's rein.

Alle Bilder zeigen ihren Maler.
Außer Selbstporträts.

Kritik ist gebildete Nörgelei, sagen ihre Kritiker,
und Ideen sind nur gebildete Wünsche, sagen Leute,
die keine haben.

Ungebildet ist nur, wer nur Kenner kennt.

Wer nur den ganzen Betrieb aufhält,
gilt heute schon als Gebildeter.

Seit Erfindung des Kinos hat jedermann
24 Weltbilder pro Sekunde.

Die BILD-Zeitung schützt nicht vor Bildung,
und wer BILD haßt, ist deshalb noch nicht im Bilde.

Körper bilden Massen, Individuen den Geist.

Jeder macht sich von sich ein Weltbild und von der
Welt sein Selbstbildnis, aber der Geist spiegelt weniger die Welt, als dass sie ihn spiegelt, und die Welt
spiegelt nicht den Geist, sondern dass er sie spiegelt.

Identitätsfindung ersetzt keine Charakterbildung.

Wirklich Gebildete leihen sich Bücher und geben
Bücher zurück, die sie dagegen geschrieben haben.

Wer macht auf abstrakten Bildern eine gute Figur?

Gruppen und Truppen bilden sich immer origineller,
Individualisten immer massenhafter.

Das Bild einer Rose verdorrt nur nicht gleichzeitig.

Ein Weltbild ist nicht größer als ein Standpunkt.

Bibliopolis. Bücher kamen kurz
zwischen Höhlenfelsbildern und Fernsehbildern.

Gebildet ist, wer mehr wissen wollte,
als wie man Geld und Prestige verdient.

Kunst bringt die Wildnis in ein Bildnis,
Kultur dann dies Bildnis in die Wildnis.

Künstlerische Versinnbildlichung des Ideals
ist kein praktischer Kompromiss mit der Realität.

Weltbilder sind oft zu unrealistisch,
weil sie nicht phantastisch genug sind.

Die Bilderflut wurde der Bildungslückenbüßer.

Man projiziert auf undurchdringliche Wände
Bilder von dem dahinter.

Halte so viel Abstand von und zu der Welt,
dass noch ein paar Weltbilder dazwischen passen.

Welches Weltbild macht sich selbst ein Bild
von seinen Rahmenbedingungen?

Einst galt die Erde als Scheibe.
Heute sind Weltbilder noch flacher.

Medien tun mehr gegen Bildung als Bücher dafür.

Weltbild : Je mehr wir auf Bildern sind,
desto weniger im Bilde.

Bildung ist das Privileg, keins zu brauchen.

Bilder bilden nicht, und Bildung macht frei
von Weltbildern.

Einbildungskraft : TV für arme Geistreiche.

Bibliotheken: Kneipen für Wissensdurstige
und Imbissbuden für Bildungshungrige.

Kann ein Bild von dem, was zum Weinen ist,
selber guten Gewissens zum Lachen sein?

„Du sollst dir kein Bild machen!“
Zwischen dir und der Welt steht dein Weltbild.

Allein Gebildete sind bildungshungrig.

Es gibt heute mehr Bilderstürmer
als Maschinenstürmer.

Herzensbildung zählt heute zum Bodybuilding.

Analphabeten sind Herzensgebildete,
die Bestseller lesen.

Hagerste Gelehrte zeigen die Adipositas
des Bildungshungers.

In Spiegeln sieht man Vorbilder und Weltbilder.

Reisen bildet – sich Bildung ein.

Wo Bildungshunger zu Bilderkult verfällt,
steigt der Hunger zum Appetit auf.

Der Einzelne auf Erden
ist das einzige Ebenbild des Einen im Himmel.

Statt Maschinenstürmer
gibt es nur noch Bilderstürmer.

Gebildete werden nur geschlagen,
aber nur Geschlagene werden gebildet.

Wer sich selbst ein Bild von Ihm macht,
macht sich leicht seinen Gott selbst.

Jedes Weltbild bildet nur eine Bildwelt.

Dein Spiegelbild vertauscht links und rechts,
nicht oben und unten oder vorn und hinten.

Wer sich ein richtiges Bild von der Welt macht,
sieht auch nur ein Weltbild. *Stell die Welt vor
dein Weltbild!*

Mancher will den Bildungsnotstand beheben,
indem er die Dummheit langsam ausdünnt
und auf immer mehr Dumme verteilt.

Unikate und Raritäten kommen
auch der Bildungsindustrie zu teuer.

Weltbild : 100 Mrd. Galaxien zu je 100 Mrd.
Sternen in deinen 100 Mrd. Hirnzellen.

Gebildet ist, wer übers Ein- und Ausbildungsziel
hinausliest.

Allgemeinbildung heißt heute Fachidiotie
auf mehr als einem Gebiet.

Gelungen ist entweder ein Bild oder was es darstellt.

Der Dummkopf weiß alles,
der Gebildete eher nichts.

Wer sich keinen Begriff machen kann, macht
sich ein Bild, und wer sich nicht selbst ein Bild
machen kann, macht ein Foto oder Image.

Wahrheit ist Übereinstimmung des Hirns,
das unsere Naturbilder produziert, und
der Natur, die unsere Hirne produziert hat.

Ich bilde mir ein, dass ich mir nicht nur etwas
einbilde. Aber man macht sich kein Bild von dem,
was man sich alles einbildet.

Erfahrungen können ein Weltbild widerlegen
nur zusammen mit einem besseren.

Mach dir ein Bild vom Ganzen und sieh:
Du bist nie ganz im Bilde.

Ist alles nur Projektion, dann auch *das*,
und *dass* Gott nur Einbildung sei,
ist ja dann auch nur Einbildung.

Lieber sich von Wunschbildern entfernen
als Schreckbildern nähern!

Ein Schlag- und Schimpfwort sagt mehr
als tausend Weltbilder.

Eine Sentenz, die drei Sätze zugleich sagt,
ist ein Gemälde, das drei Bilder zugleich zeigt.

Gebildet wirkt, wen das Chaos frommer macht
als der Kosmos.

Bilder beurteilen so wenig,
wie Begriffe ausdrücken.

Bilder werden unanschaulicher,
Begriffe durchschauen nichts mehr.

Gebildete sind erkennbar
am Stolz auf Unwissenheiten.

Herzensbildung ist nicht mal Halbbildung,
die sie ersetzen will.

Gott denkt, er mache vor,
sein Ebenbild macht sich vor, es denke nach.

Astronomie ist das Gebot,
sich vom Himmel kein Sternbild zu machen.

Wissen, das mehr kostet als einbringt,
ist selten und heißt Bildung.

Zwei Halbbildungen sind nur *eine* Herzensbildung.

Mein Weltbild steht vorm Weltall wie mein Bein
vor Einstein. Und ein Einstein lässt sich von keinem
Augstein in die Allgemeinbildung zurückholen.

Bildung : Kreuzung von Dummköpfen
und Bibliotheken.

Bildung bildet das Gegenteil
von Selbstverwirklichung.

Der Gebildete handelt nach Grundsätzen
wie Mutter Natur nach Gesetzen.

Sehe ich in dir mein Ebenbild,
siehst du in mir dein Gegenbild.

Wer immer dieselbe gute Tat tut, ist zu rühmen;
wer immer dasselbe gute Bild malt, ist zu rügen.

Du siehst viel von mir, doch selten mein Bild
von deinem Bild von mir.

Dein Weltbild minus schöpferische Einbildungskraft erschöpft noch nicht Gottes Schöpfung.

Ebenbild Gottes, dein Bild verfehlt die Welt
wie die Welt ihr Urbild.

Mach dir ein Bild vom Jenseits deiner Bilder!

Weltbild und Selbstbewusstsein sind Doubles
oder Rivalen.

Bildung ist das, was übrigbleibt, wenn man sich
an alles erinnert, was man auf der Schule verlernt
oder nie gelernt hat.

Ein hässliches Bild vom Schönen
ist noch kein schönes Bild vom Hässlichen.

Gebildet wirkt, wen ein Buch lebendiger macht
als andere ein Bett oder ein Brett vorm Kopf.

Das 19. Jh. schuf den gebildeten Arbeiter,
das 20. Jh. den ungebildeten Bürger.

Bilder, auch Weltbilder, verdecken gern,
dass sie Unsichtbares verdecken.

An Ebenbildern stärkt sich,
wer an Vorbildern sich rächt.

Maler machen bis zur Scherzgrenze unsichtbar,
was sie abbilden.

Bildung und Halbbildung sind Fähigkeiten,
sich miteinander gründlich zu langweilen.

Sprache denkt, Sache lenkt, Rache kränkt

Seit jeher suchte er bei ihr zum Sesam-öffne-dich
den springenden G-Punkt, der doch nur ein Spitz-
name ist für ihre Sehnsucht nach G-lorifizirung.

In der Steiermark wird sogar der Meier stark
von seinem Alpenquark.

Was unterscheidet den Apfelpo vom Birnenarsch?
Der eine neigt zu Apfelmus,
der andere steigt zu Kopfe.

„Oberaffengeil“ nannten sich mal
Frigide und Impotente, nicht die Weltwebel.

Wer sich von seinen *Followers* verfolgt fühlt,
ist nicht halb so paranoid wie einer, der sich verfolgt
glaubt von denen, die er verfolgt.

Mancher Autor lässt seine Figuren
so viel zu Lesern reden, dass er daheim
den Seinen nicht mehr viel zu sagen hat.

Es gäbe weniger Quasseln,
bekäm man davon Quaddeln.

Welcher Eberhard isst Ebereschen,
welche Bären fressen Vogelbeeren?

Der *Koloss von Rhodos* mag keine Koloskopie.

Grünes Licht zur Wahl : Mit der Chlorophyll-Parteil
am grünen Tisch auf den grünen Zweig!

Warum prahlt man mit jedem Vollrausch
und schämt sich jeder kleinen Geisteskrankheit?

Bunt nicht rutscht im Schlund vom Hund,
was wund vom Schnuller lutscht der Mund.

Am Wahlabend sind die abgegebenen Stimmen
in Wahlurnen würdig beigesetzt.

Das Privatleben eines Autors besteht aus
Veröffentlichungen und die einzige Praxis
des wahren Gelehrten aus Abhandlungen.

Leben ist der Weg von abgeklärten Gedanken
zu kindischen Gefühlen.

Wer keine Bücher schreibt,
muss sich keine Gedanken machen.

Ihr Walter ist ein kalter Verwalter nur im Alter,
das walte die Waltraud!

Kinder lernen besser nicht spielend auf Schulen
den Unfug, den sie auf der Straße spielen.

Wer Russland in die NATO aufnimmt,
hat ihre Außengrenze nur noch gegen Außerirdische
zu verteidigen.

SchickSalatgurke schmeckt wie AuTomatensalat.

Ider ist die blaue Wundertüte des anderen,
bis zu Bewunderung und Verwund(er)ung.

Alles nur für Ansichtssache zu halten, ist so wenig
bloße Ermessenssache, wie sich vermessen
an und mit der Sache selbst zu messen.

Europa : Ein elektrifizierter Ur-Opa wurde E-Uropa
und Eur´Opa.

Ober- ist wie Niederbayern und „Saupreußen“:
bäuerisch bayerisch nur in München.

Geishas in Quadratlatschen wirken
wie Quartalssäufer in Vollmilch.

Dass etwas überhaupt begreifbar ist, nannte *Einstein*
unbegreiflich und ausgesprochen unaussprechlich.

Schmerzhaftes Blockadebrechen ist nicht immer ein
Aufstand, sondern kann auch eine Darmkolik sein.

Jedermann ist laut Evolution ein Zwischenglied
(oder *missing link*) zwischen Affe und Mensch.

Ein Quantum Quantentheorie in Kopf und *Quanten*
erhöht keine Lebensqualität.

Dürften die Weltkriegssiegermächte laut UN-Charta
in einen ewig friedensvertragslosen *Feindstaat*
jederzeit völkerrechtlich legal einmarschieren?

Ein Hottentotte saß mit seiner Lotte
in der Capri-Grotte auf dem Potte und fing
nur eine grottenschlechte Motte zu la Notte.

Bei *Coq au vin* (dt. Branntwein) wird man besoffen
vom Verzehr besoffener Hähnchen.

Was ist Freiheit ohne Recht und Kraft,
andere lustig zu belasten und zu belästigen?

Mein Stern erlosch,
als ich das *Licht der Welt* erblickte, sagte der Uhu.

Mit mir selbst stimme ich erst überein,
wenn ich mich selbst überwinde und übertreffe.

Etwas so Kompliziertes wie die *Strukturwissen-
schaft* soll die *Einheitswissenschaft* werden? – Ein
Aphorismus spiegelt eher die Komplexität der Welt.

Mein Wort will keine Leser verletzen,
sondern nur ihr dickes Fell zeigen.

Gesamtwerk in Gesamtausgabe

Das publizierte Gesamtwerk entfaltet sich unter dem *monotheistisch* „Heiligen" im traditionellen Dreischritt von **Logik** (Wahres), **Physik** (Naturschönes) und **Ethik** (moralistisch Gutes) zwischen Literatur und Philosophie.

1. Theologisch *Heiliges* :
„Der Ewige und Sein Urprojekt − *Religionsphilosophisch-metapolitische Reflexionen*"

2. Logisch *Wahres*
(´Dritte Welt´ der Gedanken) :
„Sind Physik, Musik und Mystik die Ethik
der mathematischen Logik?"

3. Ästhetisch *Schönes* (Physisches) :
„Zur Dialektik und Phänomenologie
der Natur- und Kulturidyllen"

Logik *(Ideelles)* und Ästhetik *(Physisches)* fallen unter **Idyllen**, die gemeinsam dem *Psychischen* der moralistischen **Satiren** kontrastieren.

Diese satirische Moralistik entfaltet sich ihrerseits als psychologische Ethik in sieben Sorten von literarisch-philosophischen „Sprachspielen" :

1. **Philosophie** (Zwei Bände) :

„Objektivität durch Subjektivität
oder umgekehrt?“ *(Erkenntnistheorie)*

„Gedankenlesen : Hirnforschung
ohne Computertomographen −
*Philosophie zwischen Wissenschaft,
Kunst und Religion*“

2. **Tiefenpsychologie**
der Philosophiegeschichte (Drei Bände) :

„Die Liebhaber der Sophie − *Philosophiegeschichte in Philosophengeschichten*“

„Wenn die Seele auf den Geist geht −
Chronik der unbewussten Weltbilder“

„Martin Heidegger − Versuch
einer Psychoanalyse seines *Seyns*“

3. **Proletarismus** (Ein Band) :

„Mann und Frau machen sich frei −
voreinander und voneinander :
Geschlechterkrieg oder Klassenkampf?“

4. Fünf **gesellschafts- und kulturkritische Essaybände** :

„Künste und Wissenschaften
als verlorene Paradiese"

„Ist *philosophical correctness* eine
Kommunikationswissenschaft?"

„Esprit und Geisteswissenschaften"

„Originell sein : Vergessenes plagiieren"

„Wer sich selber kennt, wird nichts mehr"

5. Satirische **Moralistik** (ein Band Sekundär-
literatur, sechs Bände Primärliteratur) :

„Aphorismus − Philosophischer Gehalt
in literarischer Gestalt"

„Mit einem Satz ins Freie"

„Quanten, Quarks und Strings im Kopf"

„Aphorismen zur Zeitaltersweisheit"

„Zwergrätsel, Satiren und Zwickmühlen"
(1. Auswahl aus mehreren separaten
    Aphorismenbänden)

„Aphorismen, Bonmots und Reflexionen"
(2. Auswahl aus mehreren separaten
    Aphorismenbänden)

„Philosophische Formelsammlung"

6. Fragmente (Zwei Bände Reflexionen) :

„Aufzeichnungen
aus dem Schwarzen Loch"

„Aufzeichnungen aus dem Mauseloch"

7. Literatur (Ein Band Lyrisches
    und drei Bände Erzählerisches) :

„An sein Innerstes erinnert sich keiner —
Nicht ganz dichte Gedichte"

„Nur in der Fremde fühle ich Fernweh —
Idyllischer Roman"

„Wer fällt, gefällt — Aus dem schönen
Leben des Gebrauchsdenkers Ingo K."

„Angeln beruhigt —
weder Fische noch Würmer"

**Das ganze Werk deckt *sieben* Kulturfelder
in *27 Bänden* ab :**

1. Monotheismus
    1 Band (onto-theologisch *Heiliges*)
2. Idyllen :
    1 Band Logik (Wahres)
    1 Band Natur (Schönes)

3. Leib (Arbeit / Liebe)
    1 Band Physisches
4. Seele (bw / ubw)
    3 Bände Psychisches
5. Geist (Philosophie)
    2 Bände Ideelles

6. Witz/Urteilskraft
    14 Bände Moralistik :
      5 Bände Essays
      2 Bände Fragmente
      7 Bände Aphorismen(auswahl)

7. Literatur (sinnlicher Sinn) :
    1 Band Lyrik
    3 Bände Epik

ANHANG
Große Aphoristiker sind im Bilde

Sekundärliteratur zum Aphorismus

Gerhard Neumann (Hg.): „Der Aphorismus.
Zur Geschichte, zu den Formen und Möglichkeiten
einer literarischen Gattung", Darmstadt 1976

„Ideenparadiese. Untersuchungen zur Aphoristik
von Lichtenberg, Novalis, Friedrich Schlegel und
Goethe", München 1976

Peter Krupka: „Der polnische Aphorismus",
München 1976

Hans Peter Balmer; „Philosophie der menschlichen
Dinge. Die europäische Moralistik", Bern 1981

Harald Fricke: „Aphorismus", Stuttgart 1984

Gisela Febel: „Aphoristik in Deutschland und
Frankreich", Frankfurt/Main 1985

Klaus von Welser: "Die Sprache des Aphorismus",
Frankfurt/M. 1986

Heinz Krüger: „Über den Aphorismus
als philosophische Form", Frankfurt/M. 1988

Werner Helmich: „Der moderne französische
Aphorismus", Tübingen 1991

Stefan Fedler: „Der Aphorismus. Begriffsspiel zwischen Philosophie und Poesie", Stuttgart 1992

Paul Geyer / Roland Hagenbüchle: „Das Paradox", Tübingen 1992, Würzburg 2002²

Thomas Stölzel: „Rohe und polierte Gedanken. Studien zur Wirkungsweise aphoristischer Texte", Freiburg 1998

Lada Lubimova: „Struktur und Funktion des Aphorismus : eine textlinguistische Studie", Bremen 1998

Robert Zimmer: „Die europäischen Moralisten", Hamburg 1999

Michael Esders: „Begriffs-Gesten. Philosophie als Kurze Prosa von Friedrich Schlegel bis Adorno", Frankfurt/Main 2000

Rüdiger Zymner: „Aphorismus", In: Kleine literarische Formen in Einzeldarstellungen, Stuttgart 2002

Friedemann Spicker: „Kurze Geschichte des deutschen Aphorismus", Tübingen 2007

„Die Welt ist voller Sprüche. Große Aphoristiker im Porträt", Bochum 2010

Andreas Egert: „Der Fall Aphorismus. Zur Genese und Aktualität einer Gattung", Dresden 2015